¿Cuántos elefantes hay?

Orientaciones: Colocar la pegatina de la manzana ejercita su coord
ojo-mano. Preguntar al niño o niña: «¿Cuántos elefantes hay en est
página?». Se puede ampliar la actividad pidiéndole que describa al el

Cuenta los elefantes. Coloca la misma cantidad de  en el plato.

¿Cuántos monos hay?

Orientaciones: Esta actividad con pegatinas ayuda a reforzar la motricidad fina. Sugerir al niño o niña que ponga una pegatina en cada plato, una para cada mono.

Cuenta los monos. Coloca la misma cantidad de  en los platos.

¿Cuántos conejos hay?

Orientaciones: Colocar pegatinas es una actividad que desarrolla la motricidad fina. Sugerir al niño o niña que ponga una pegatina en cada plato, una para cada conejo.

Cuenta los conejos. Coloca la misma cantidad de  en los platos.

Completa el perro

Orientaciones: Esta actividad desarrolla la capacidad de relacionar una parte con el todo y a la vez refuerza la motricidad fina. Centrar la atención del niño o niña en la forma de las pegatinas si no está seguro de dónde colocarlas.

Coloca sobre el perro las pegatinas de la cola y la oreja. ¿Qué sonido hace un perro?

PERRO

Encuentra al perro

Orientaciones: En primer lugar, pedirle al niño o niña que señale los perros que hay en la página. Para ampliar la actividad, señalar otro animal y preguntar: «¿Qué animal es este?», o hacer alguna otra pregunta como: «¿Qué animal tiene la cola más corta?».

¡BUEN TRABAJO!

Rodea cada perro.

Dibuja rayas

Orientaciones: En esta actividad, el niño o niña dibujará líneas rectas cortas como práctica de la escritura de letras y números.

Traza las rayas del tigre.

Modelo

Colorea la vaca

Orientaciones: Esta actividad se centra en el reconocimiento de colores. Asegurarse de que el niño o niña elige el color correcto.

¡BUEN TRABAJO!

Termina de colorear las manchas de la vaca. ¿Qué sonido hace una vaca?

VACA

Ayuda al ratón

Orientaciones: En esta actividad, el niño o niña practicará el uso de las habilidades de razonamiento y resolución de problemas. Animarlo a que se detenga en cada bifurcación del camino para pensar en qué dirección seguir.

¡BUEN TRABAJO!

Ayuda al ratón a llegar al final sin pasar por donde está el gato.
Traza una ruta desde ➡ hasta ➡.

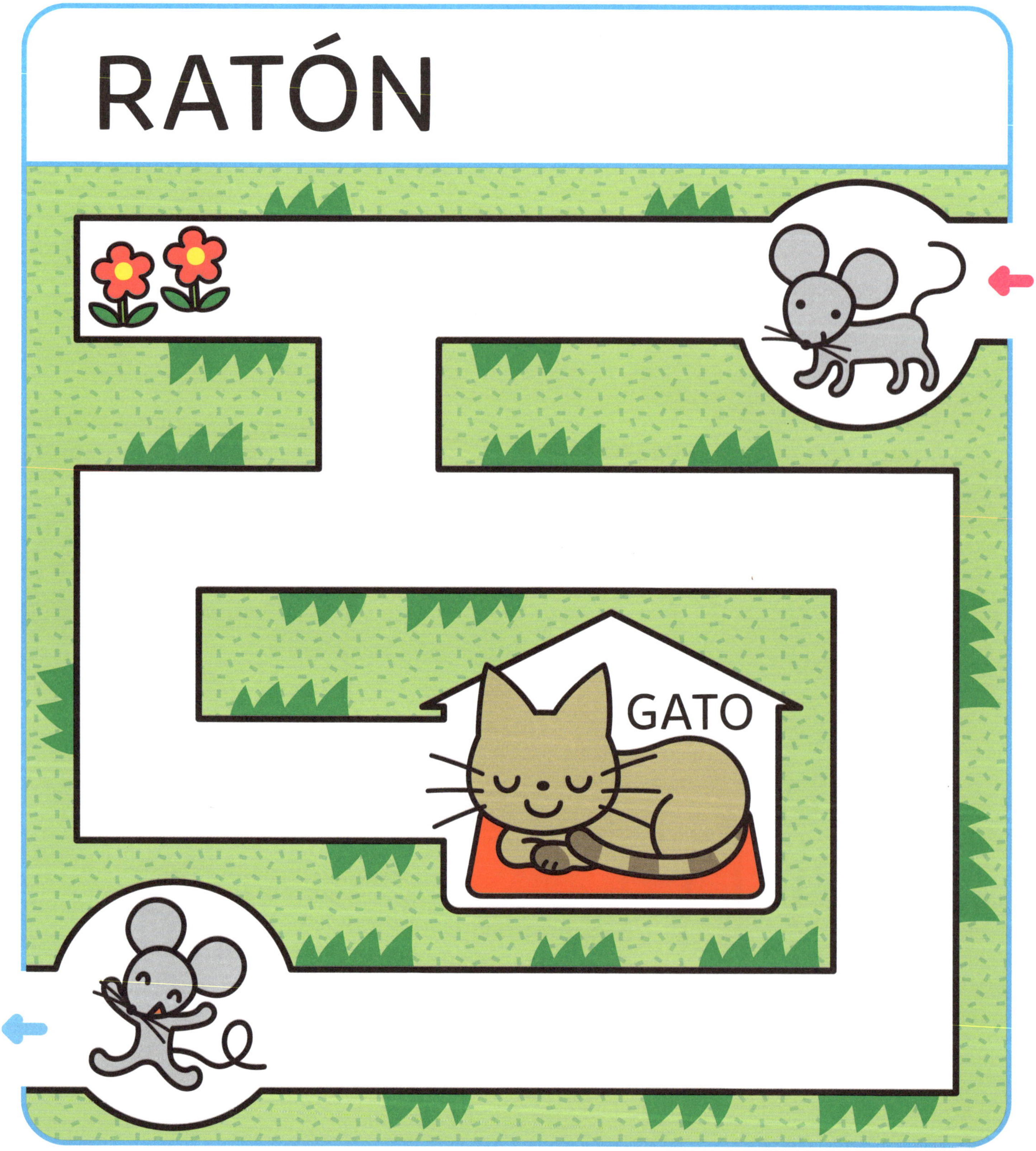

Dibuja los bigotes del gato

Orientaciones: Cuando el niño o niña vea un gato de verdad, animarlo a que se pare y lo señale, diciendo: «Eso es un gato». Relacionar la palabra con el animal real contribuirá a que la recuerde.

Traza los bigotes del gato. ¿Sabes maullar como un gato?

GATO

Ayuda al gato a encontrar su comida

Orientaciones: El laberinto es sencillo, pero sigue siendo importante que se felicite al niño o niña cuando llegue al final. Proponer que lo siga primero con el dedo si eso le da seguridad.

El gato tiene hambre. Ayúdalo a llegar hasta la comida.
Traza una ruta desde → hasta →.

Une los puntos

Orientaciones: En esta actividad, el niño o niña completará el dibujo uniendo los puntos. Animarlo a que cuente en voz alta mientras los une.

¡BUEN TRABAJO!

Une los ● por orden del 1 al 3. ¿Qué está sujetando el elefante?

Dibuja zigzags

Orientaciones: Dibujar líneas cortas en zigzag es un paso importante de cara a la escritura correcta de números y letras.

¡BUEN TRABAJO!

Traza líneas desde ➡ hasta ➡ para que los dinosaurios tengan unas crestas puntiagudas.

Dibuja los dientes

Orientaciones: Puede que al niño o niña le cueste dibujar estas líneas cortas en zigzag. En el cocodrilo de arriba, animarlo a que haga una pausa en cada punta antes de cambiar de dirección. En el cocodrilo de abajo, intentar que trace cada grupo sin detenerse. No importa que las líneas no queden muy pulcras.

Traza los dientes del cocodrilo. ¡Cuidado, están afilados!

Dibuja espirales

Orientaciones: En esta actividad, el niño o niña trazará líneas en espiral. No importa que empiece por el interior o por el exterior de la espiral. Dejar que elija el color de la cera o del rotulador.

Modelo

Traza cada espiral usando el color que quieras.

Ayuda a las abejas

Orientaciones: Esta actividad estimula las habilidades de resolución de problemas. Recordar al niño o niña que siga las líneas del mismo color de principio a fin.

¡BUEN TRABAJO!

Traza las líneas para ayudar a las abejas a llegar hasta las flores.

Ayuda a las hormigas

Orientaciones: Esta actividad estimula las habilidades de resolución de problemas. Recordar al niño o niña que siga las líneas del mismo color de principio a fin. Si le extraña que dos hormigas entren en la misma casa, explicarle que no pasa nada, que las hormigas viven en grupos numerosos.

¡BUEN TRABAJO!

Traza las líneas para ayudar a las hormigas a llevar la comida hasta sus casas.

Une los puntos

Orientaciones: En esta actividad, el niño o niña completará el dibujo uniendo los puntos. Explicarle que puede dibujar a la velocidad a la que se sienta más cómodo.

¡BUEN TRABAJO!

Une los puntos desde ➡ hasta ● para dibujar las orejas del conejo. ¿Sabes saltar como un conejo?

CONEJO

Colorea los cerdos

Orientaciones: Esta actividad se centra en el reconocimiento de colores. Asegurarse de que el niño o niña elige el color correcto. Para ampliar el aprendizaje, pedirle que describa los cerdos.

Termina de colorear los cerdos. ¿Sabes gruñir como un cerdo?

Encuentra los peces azules

Orientaciones: En esta actividad, el niño o niña aprenderá a comparar elementos de distinto tamaño y color. Cuando haya terminado de rodear, pedirle que cuente los peces azules, amarillos y rosas.

¡BUEN TRABAJO!

Rodea cada pez azul.

¿Dónde hay más conejos?

Orientaciones: En esta actividad, el niño o niña comparará cantidades. Puede que resulten obvias sin necesidad de contar, pero es recomendable que cuente cada grupo de conejos en voz alta antes de colorear el círculo.

Cuenta los conejos de cada dibujo. Usa el color que quieras para pintar el ◯ que hay junto al dibujo donde aparecen más conejos.

¿Dónde hay más gatos?

Orientaciones: En esta actividad, el niño o niña comparará cantidades. Pedirle que señale cada gato y que los cuente antes de comparar.

¡BUEN TRABAJO!

Cuenta los gatos de cada dibujo. Usa el color que quieras para pintar el ◯ que hay junto al dibujo donde aparecen más gatos.

◯

◯

¿Dónde hay más ratones?

Orientaciones: En esta actividad, el niño o niña comparará cantidades. Cuantos más elementos hay en una ilustración, más necesario resulta que cuente cada animal por separado, en lugar de confiar en la intuición.

¡BUEN TRABAJO!

Cuenta los ratones de cada dibujo. Usa el color que quieras para pintar el ○ que hay junto al dibujo donde aparecen más ratones.

○

○

¿Dónde hay más pájaros?

Orientaciones: En esta actividad, el niño o niña comparará cantidades. Si le resulta difícil la actividad, indicarle que trace una línea desde cada pájaro de la ilustración superior hasta el de la ilustración inferior.

Cuenta los pájaros de cada dibujo. Usa el color que quieras para pintar el ◯ que hay junto al dibujo donde aparecen más pájaros.

¿Cómo se sale del laberinto?

Orientaciones: Esta actividad permite desarrollar la capacidad de resolver problemas y de escribir correctamente. Recordar al niño o niña que dibuje en las sendas amarillas y que no se salga de ellas.

¡BUEN TRABAJO!

Traza una ruta a través del plátano desde ➡ hasta ➡.

¿De quién es la sombra?

Orientaciones: Esta actividad fomenta la capacidad de observación del niño o niña. Si le cuesta mucho decidir a qué animal pertenece esa sombra, se puede señalar alguna característica, como el tamaño de las orejas o la forma de la cola.

¿De qué animal es esta sombra? Une la sombra con el animal que corresponda.

GATO

RATÓN

PERRO

Dibuja rayas

Orientaciones: Trazar líneas como estas desarrolla las destrezas necesarias para escribir correctamente. No pasa nada si las rayas del niño o niña se salen un poco de los bordes.

Traza las rayas de las cebras.

Modelo

Crea animales

Orientaciones: Cuando el niño o niña haya terminado esta actividad, enseñarle cómo soltar las tiras de papel y darles la vuelta para que aparezcan otros animales. Animarlo a contar un cuento que tenga a estos animales como protagonistas.

1 Recorta el cuadrado. Luego, corta para separar las piezas.

2 Corta las líneas naranjas.

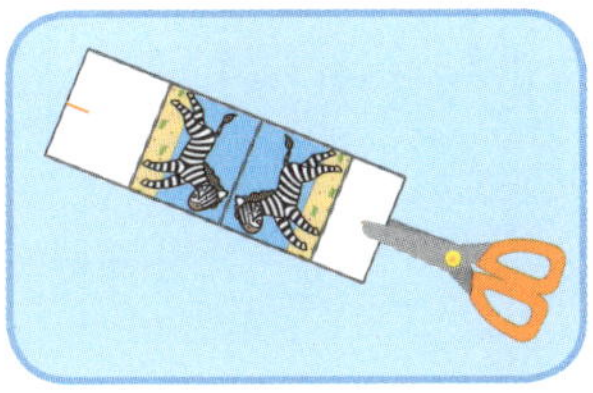

Pasa la página para ver más instrucciones.

1 Dobla cada tira de papel como se indica en la imagen.

2 Une los extremos usando las pestañas.

Une los puntos

Orientaciones: Para estimular la imaginación del niño o niña antes de comenzar esta actividad, preguntar: «¿Qué crees que verás cuando unas los puntos?».

¡BUEN TRABAJO!

Une los ● por orden del 1 al 3. ¿Qué tiene el mono en la cabeza?

Compara el número de plátanos

Orientaciones: Esta actividad ejercita la capacidad de anticipación del niño o niña a la hora de elegir qué camino seguir. Asegurarse de que cuenta los plátanos antes de recorrer el laberinto.

¡BUEN TRABAJO!

Cuenta los plátanos que hay en el inicio del laberinto. Luego, dibuja una ruta desde ➡ hasta ➡. Debes pasar solo por los grupos donde haya la misma cantidad de plátanos que en el inicio.

Colorea el pájaro y las flores

Orientaciones: Sugerir al niño o niña que utilice el mismo color del modelo. La figura del pájaro es sencilla, pero colorear las flores puede entrañar más dificultad.

¡BUEN TRABAJO!

Colorea el pájaro y las flores.

Modelo

Compara cantidades

Orientaciones: Dibujar líneas que unan dos grupos diferentes facilita ver en cuál de los dos hay más elementos.

Traza una línea desde cada perro hasta un cuenco de comida. Luego, cuenta los perros y los cuencos. Compara la cantidad de perros y la cantidad de cuencos.

¿Hay más perros o más cuencos? Coloca la pegatina  en el ☐ correcto.

 ☐ ☐ 

Dibuja líneas

Orientaciones: En esta actividad, se combina el dibujo de líneas rectas y curvas, por lo que se ejercita la psicomotricidad fina y la concentración.

Traza el camino desde ➡ hasta ➡ para que los animales reciban sus premios.

Dibuja bucles

Orientaciones: En la primera parte de la actividad, el niño o niña puede seguir las líneas para trazar los bucles. Pero en la segunda parte, tendrá que dibujarlos a mano alzada.

Traza los bucles del dibujo de la oveja de arriba con el color que quieras. Luego, dibújalos también en la oveja de abajo.

Modelo

¿Cómo se sale del laberinto?

Orientaciones: Esta actividad estimula las habilidades de resolución de problemas y desarrolla la capacidad de anticiparse. Asegurarse de que el niño o niña entiende que no debe cruzar las líneas moradas.

¡BUEN TRABAJO!

Traza un camino entre las uvas desde ➡ hasta ➡.

Colorea según el número

Orientaciones: Esta actividad pretende mejorar la capacidad del niño o niña de reconocer números.

Pinta del color que quieras todas las zonas con el número 4. ¿Qué animal ves?

Completa el cerdo

Orientaciones: Esta actividad desarrolla la capacidad de relacionar una parte con el todo y a la vez refuerza la motricidad fina. Procurar que el niño o niña se fije en la forma de las pegatinas si no está seguro de dónde colocarlas.

¡BUEN TRABAJO!

Coloca sobre el cerdo las pegatinas del hocico y la cola.

CERDO

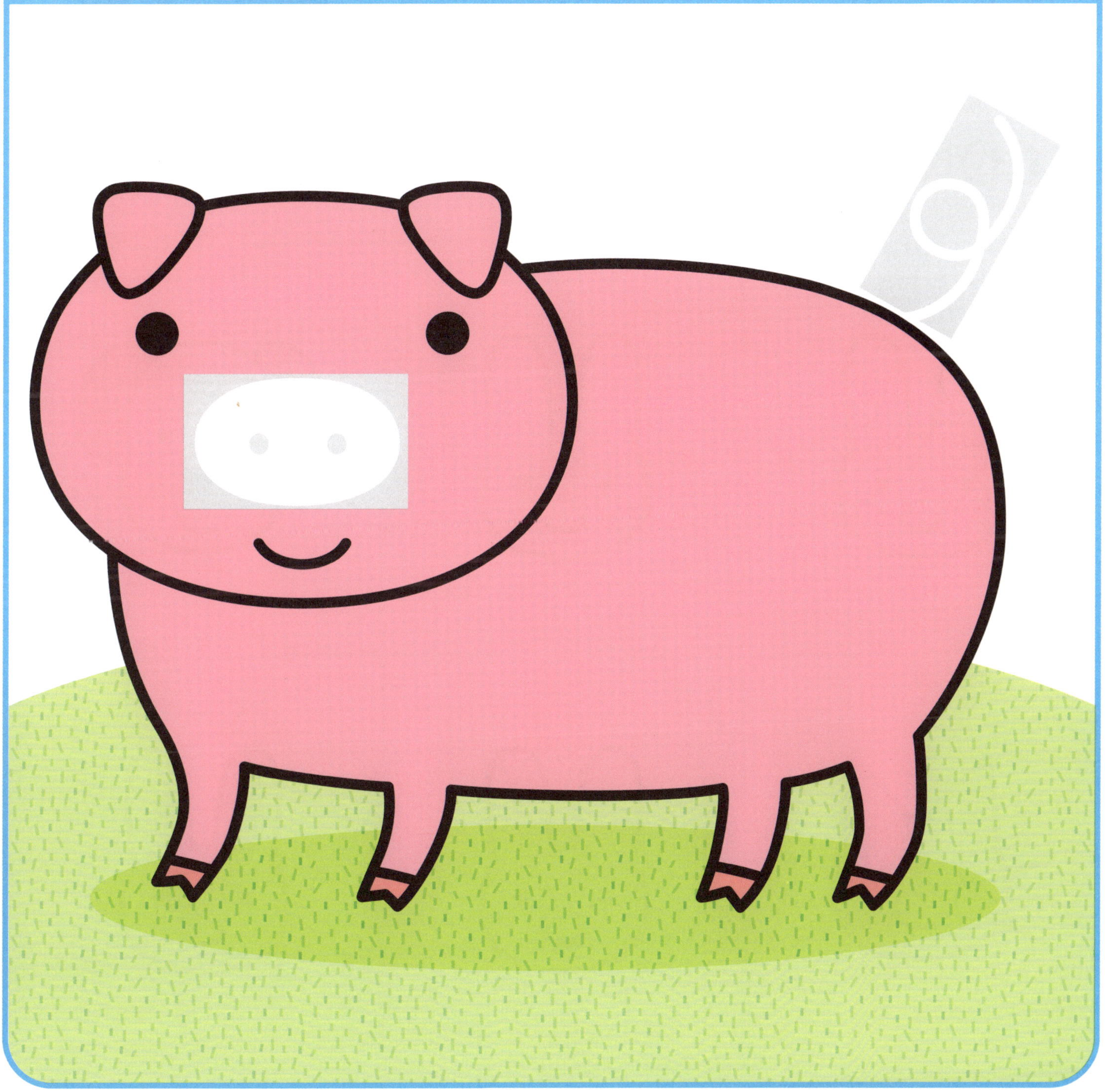

Sigue a los conejos

Orientaciones: Explicarle al niño o niña que solo puede moverse por el laberinto pasando por los huecos entre las líneas azules. Se puede ampliar la actividad pidiéndole que cuente cuántos animales hay de cada tipo.

Traza una línea desde ➡ hasta ➡. Debes pasar solo por los conejos.

Une los puntos

Orientaciones: Mostrar al niño o niña los dibujos del modelo. Pedirle que se fije en la ubicación, longitud y dirección de cada una de las líneas que tiene que copiar. Puede utilizar los mismos colores que en el modelo o elegir otros.

¡BUEN TRABAJO!

Une los ● para hacer pájaros como los del modelo.

Modelo

Colorea la pecera

Orientaciones: Animar al niño o niña a que coloque las pegatinas de peces donde prefiera, pero se le puede sugerir que lo haga en la pecera.

¡BUEN TRABAJO!

Termina de colorear la pecera.
Luego, coloca las pegatinas de peces donde quieras.

Modelo

Dibuja los peces

Orientaciones: Dibujar estimula la capacidad de concentración, la creatividad y la psicomotricidad fina. Se puede ampliar la actividad preguntándole al niño o niña si quiere dibujar más peces o añadir más burbujas.

Traza el contorno de los peces usando el color que quieras.

¿Cuántos gatos hay?

Orientaciones: Se puede recomendar al niño o niña que haga una marca en cada gato que cuenta. Así evitará equivocarse al contar.

¡BUEN TRABAJO!

Cuenta los gatos. Luego, colorea la misma cantidad de ◯ que gatos hay en la página. Utiliza el color que quieras.

¡BUEN TRABAJO!

¿Qué están comiendo los conejos?

Orientaciones: En esta actividad, el niño o niña usará su capacidad de observación para identificar objetos específicos dentro de grupos de objetos parecidos.

A los conejos les encantan las zanahorias. ¿Y a ti? Rodea los conejos que están comiendo una zanahoria.

Dibuja las crines del caballo

Orientaciones: Dejar que el niño o niña decida cómo dibujar las crines del caballo. No tienen por qué coincidir con las del modelo. Si el niño o niña no está familiarizado con el comportamiento y los sonidos de los caballos, se le puede mostrar un vídeo de Internet.

Dibuja las crines del caballo. ¿Sabes imitar a un caballo?

Sigue al caballo

Orientaciones: Esta actividad ayuda a desarrollar la capacidad de resolver problemas y de escribir correctamente.

Traza una ruta que recorra el laberinto desde ➡ hasta ➡.
Imita los sonidos de los animales que te encuentres por el camino.

Dibuja el pollito y el huevo

Orientaciones: Dibujar círculos, óvalos y líneas curvas son actividades que estimulan la psicomotricidad fina y las destrezas de escritura del niño o niña.

¡BUEN TRABAJO!

Traza el contorno del pollito y del huevo.
Utiliza los colores que quieras.

Modelo

¿De quién es esta cola?

Orientaciones: Esta actividad promueve la capacidad de relacionar una parte con el todo. Dirigir la atención del niño o niña hacia los detalles, como la forma y el color de las colas, para ayudarlo a que encuentre la coincidencia.

¡BUEN TRABAJO!

¿A qué animal pertenece esta cola? Traza una línea para unir la cola con su dueño.

CERDO

VACA

CABALLO

Une los puntos

Orientaciones: En esta actividad, el niño o niña practicará el dibujo de líneas inclinadas y rectas. Las actividades como esta aumentan su capacidad de concentración.

Une los ● por orden del 1 al 5.

¿Cuántas ardillas hay?

Orientaciones: En esta actividad el niño o niña tiene que contar y comparar cantidades. Se puede ampliar pidiéndole que cuente las bellotas.

Cuenta las ardillas. Luego, colorea la misma cantidad de  que ardillas hay en la página. Utiliza el color que quieras.

Dibuja las jorobas

Orientaciones: Dar indicaciones al niño o niña para que repase las líneas curvas de las jorobas de los camellos. La grafomotricidad, como la de esta actividad, es necesaria para escribir correctamente.

¡BUEN TRABAJO!

Traza las jorobas de los camellos.
Utiliza el color que quieras.

Modelo

Ayuda a la conejita

Orientaciones: Asegurarse de que el niño o niña cuenta el número de flores en cada bifurcación del camino antes de decidir qué dirección seguir.

¡BUEN TRABAJO!

Traza una ruta desde ➡ hasta ➡.
Debes elegir siempre el camino con más flores.

Dibuja la melena del león

Orientaciones: Puede que al niño o niña le cueste dibujar líneas en zigzag. Explicarle que no tiene por qué trazar toda la melena de una sola vez. Es más importante trazar la línea con cuidado que hacerlo rápido.

Traza la melena del león usando el color que quieras.
¿Sabes rugir como un león?

Modelo

Atrapa las mariposas

Orientaciones: Esta actividad ejercita la capacidad de anticipación del niño o niña a la hora de elegir qué camino seguir. Asegurarse de que cuenta las mariposas antes de recorrer el laberinto.

¡BUEN TRABAJO!

Cuenta las mariposas que hay al inicio del laberinto. Luego, traza una ruta desde hasta . Debes pasar siempre por las rotondas con la misma cantidad de mariposas que en el inicio.

Encuentra los animales

Orientaciones: En esta actividad, el niño o niña empleará su capacidad de observación para encontrar objetos ocultos. Si no los localiza de inmediato, señalarle alguno.

¡BUEN TRABAJO!

¿Puedes encontrar 3 peces y 3 pájaros escondidos en el dibujo? Rodéalos.

Compara cantidades

Orientaciones: En esta actividad, el niño o niña comparará cantidades. Asegurarse de que entiende que debe comparar la cantidad de huesos o de cuencos con la cantidad de perros.

Cuenta los perros. Luego, cuenta los huesos y los cuencos.

Coloca en el junto al grupo que es mayor que el de perros.

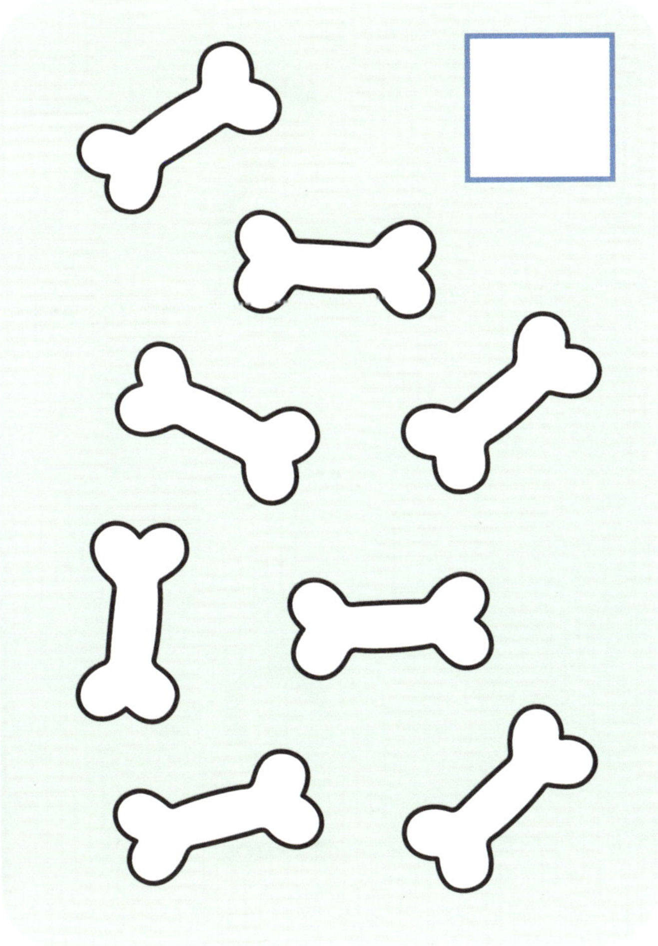

Une las cantidades y los números

Orientaciones: En esta actividad, se relacionan las cantidades con los números. Si al niño o niña le cuesta emparejar cada grupo de hámsteres con su número, pedirle que cuente las flores que hay debajo de cada número y que una el grupo de hámsteres y el grupo de flores que tengan la misma cantidad.

Cuenta los hámsteres de cada recuadro. Luego, traza una línea para unir cada cantidad con su número correspondiente.

1

3

2

¿Cuántas tortugas hay?

Orientaciones: Si el niño o niña aún no está preparado para contar hasta 6, pedirle que vaya rodeando las tortugas de una en una. Por cada tortuga que rodee, debe colorear un círculo en la parte inferior de la página. Cuando todas las tortugas estén rodeadas, ayudar al niño o niña a contar los círculos coloreados.

¡BUEN TRABAJO!

Cuenta las tortugas. Luego, colorea la misma cantidad de ◯ que tortugas hay en la página. Utiliza el color que quieras.

◯ ◯ ◯ ◯ ◯ ◯ ◯ ◯ ◯ ◯

Colorea según el número

Orientaciones: Dejar que el niño o niña haga una pequeña marca en todas las zonas con un 5 antes de colorearlas por completo.

¡BUEN TRABAJO!

Pinta del color que quieras todas las zonas con el número 5. ¿Qué animal ves?

Une los puntos

Orientaciones: Animar al niño o niña para que diga los números en voz alta mientras une los puntos por orden. Ayudarlo con cualquier número que no conozca.

Une los puntos del 1 al 6 por orden. Utiliza el color que quieras.

Coloca a las hormigas en fila

Orientaciones: Antes de que el niño o niña empiece la actividad, pedirle que cuente hasta 6. A continuación, indicarle que señale cada recuadro mientras cuenta y preguntar: «¿Qué números faltan?».

Coloca las pegatinas de números en el ☐ para formar una fila ordenada, del 1 al 6, con las hormigas.

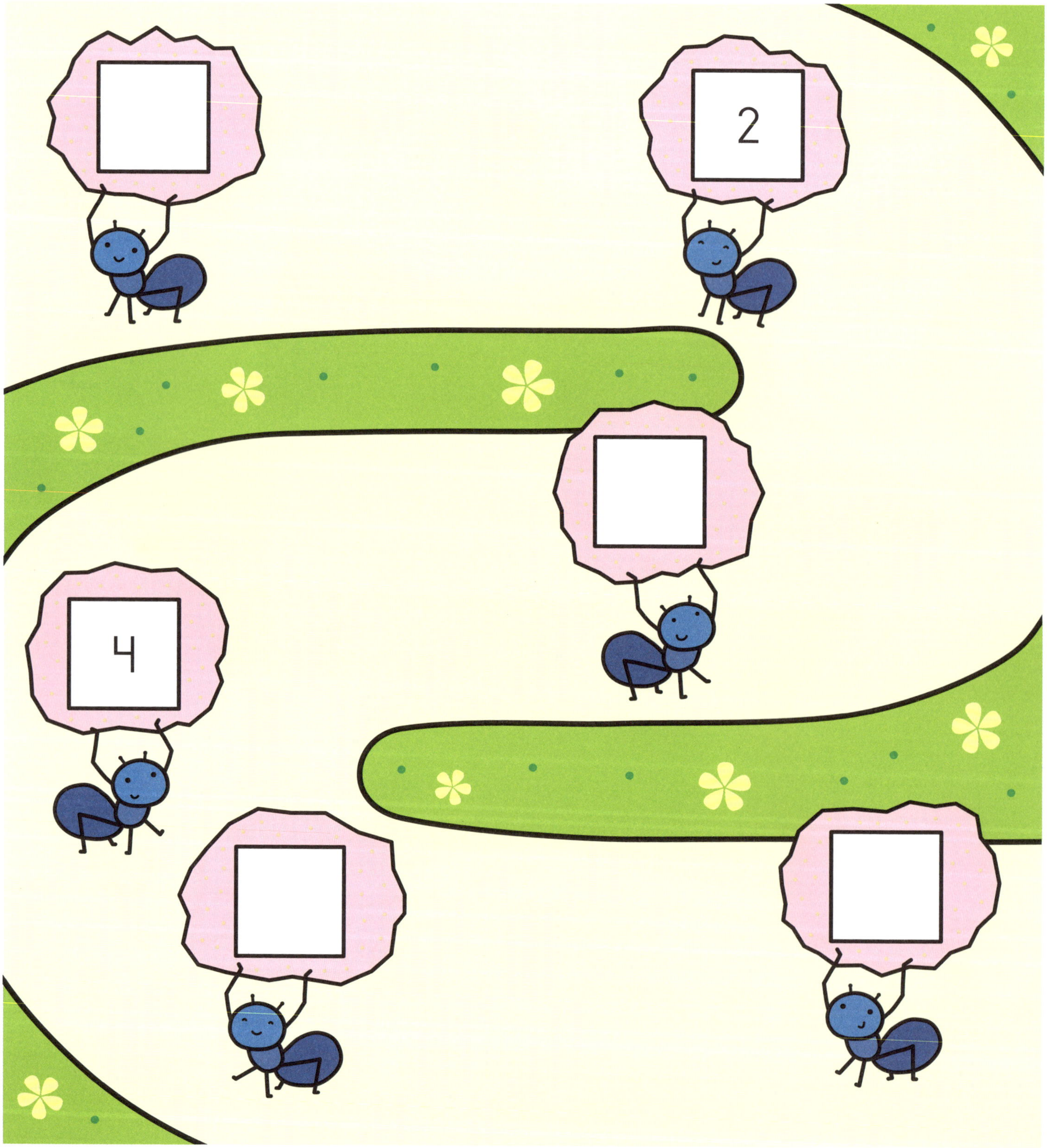

Empareja los perros

Orientaciones: Esta actividad se centra en emparejar cantidades. Pedir al niño o niña que cuente todos los perros antes de comenzar. Si ayuda, animarlo a escribir cuántos hay junto a cada grupo.

¿Qué grupos tienen la misma cantidad de perros? Cuenta los perros de cada grupo. Luego, traza una línea desde ● hasta ● para unirlos.

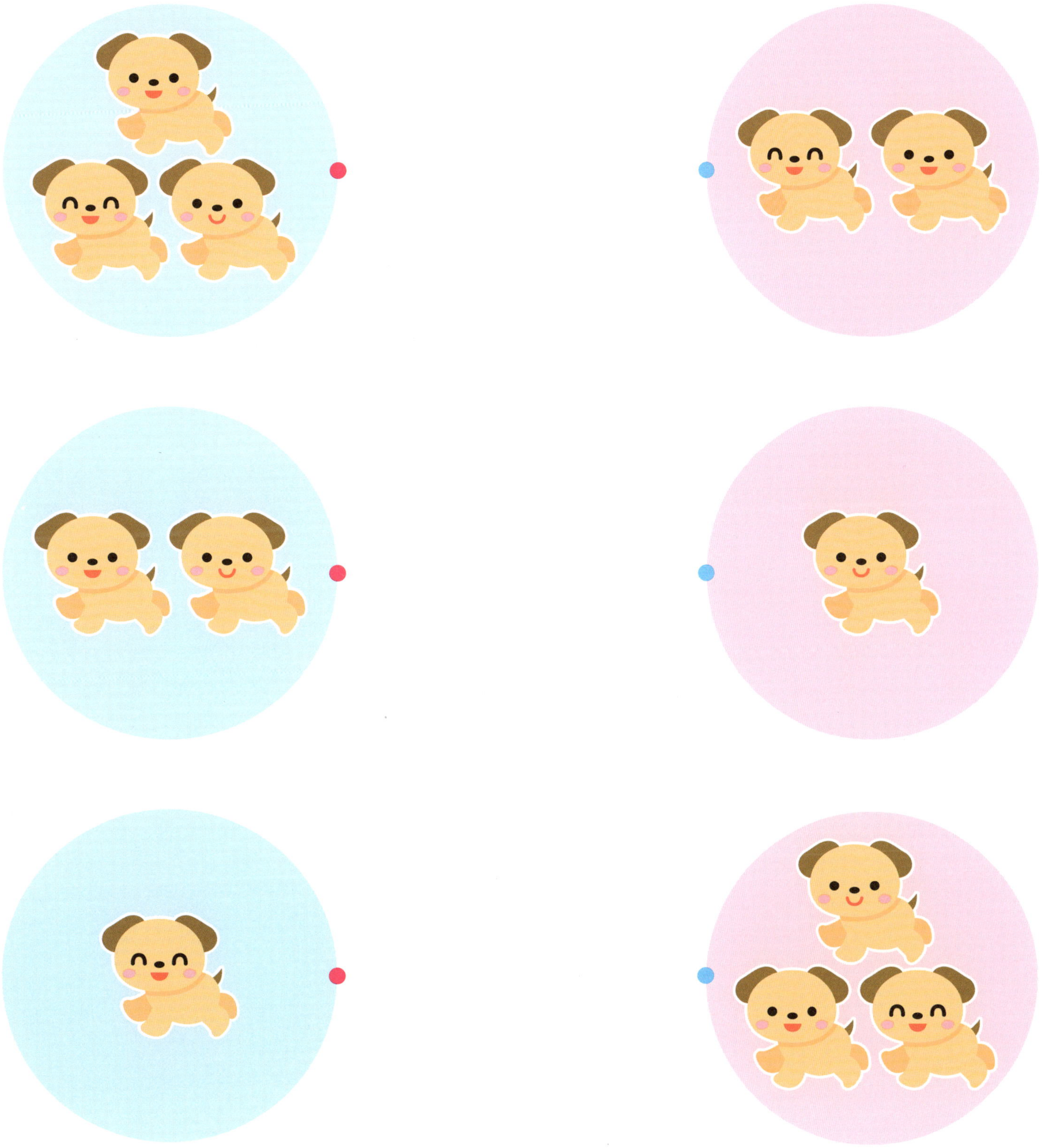

Empareja las mariposas

Orientaciones: Animar al niño o niña a contar el número de mariposas en cada grupo antes de que empiece a emparejarlos.

¿Qué grupos tienen la misma cantidad de mariposas? Cuenta las mariposas de cada grupo. Luego, traza una línea desde ● hasta ● para unirlos.

Crea una serpiente

Orientaciones: Puede que al niño o niña le resulte más sencillo recortar las líneas curvas si antes se le recorta la serpiente del fondo blanco. Si se ve que le cuesta mucho, recordarle que vaya girando el papel mientras recorta.

¡BUEN TRABAJO!

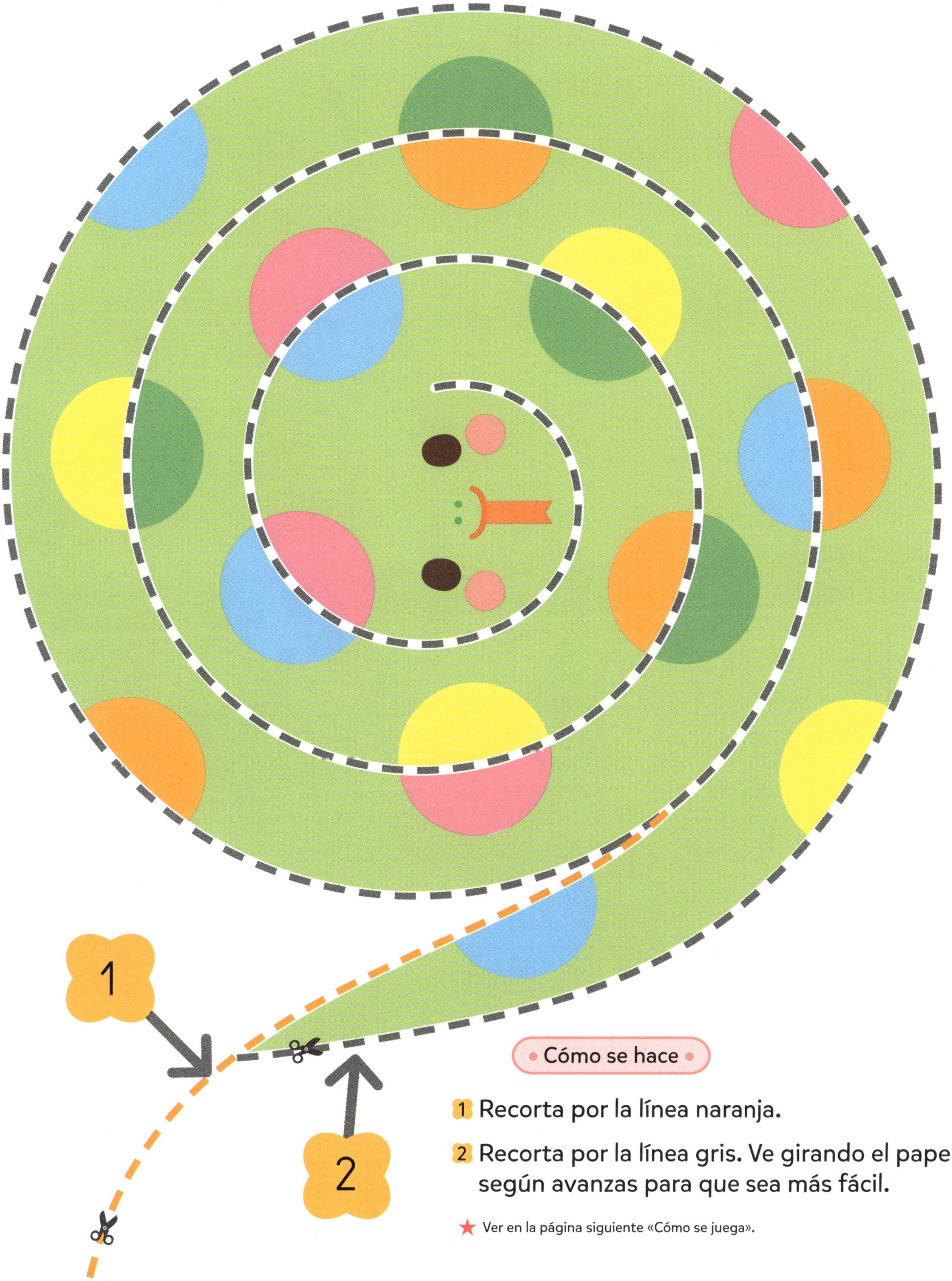

Cómo se hace

1. Recorta por la línea naranja.
2. Recorta por la línea gris. Ve girando el papel según avanzas para que sea más fácil.

★ Ver en la página siguiente «Cómo se juega».

Cómo se juega

Sujeta la serpiente por la cabeza. Sacude el brazo arriba y abajo para hacer que la serpiente se mueva.

1

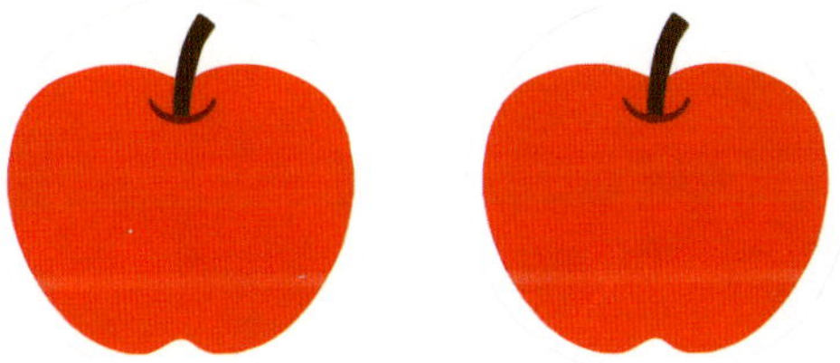

2

3

4

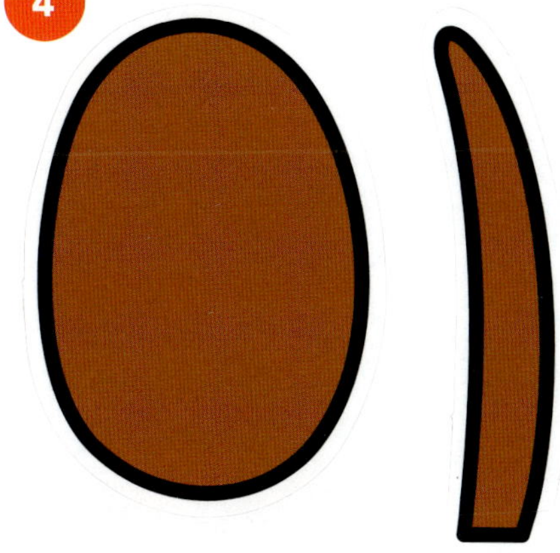

37

40

32

55

60

5 3 1 6